De la servitude à la bénédiction

Découvrir notre identité en Dieu

Jessica Hintz

États-Unis
2024

Imprimer

Titre du livre : De la servitude à la bénédiction – Découvrir notre identité en
Auteur : Jessica Hintz

Auteur : Jessica Hintz
Contact : boxingboy898337@gmail.com

CONTENU

INTRODUCTION

Dans l'ouverture de sa profonde lettre aux Galates, Paul affronte avec audace les ennemis de la Grâce, une bataille qu'il a menée tout au long de ce remarquable premier volume de son œuvre. Son voyage en tant qu'apôtre n'a pas été sans douleur ; il a beaucoup souffert de la part des Juifs et des Gentils qui rejettent le message radical de grâce qu'il prêche. Profondément préoccupé par ses disciples, Paul est déterminé à ne pas les laisser retomber dans les traditions rigides du judaïsme, même si certains de ses convertis les plus fervents sont issus de cette foi même. C'est cette tension qui alimente sa critique passionnée de l'idée que l'on peut ajouter au pur Évangile du Christ des pratiques et des croyances légalistes.

Les écrits de Paul nous rappellent avec force que l'essence de l'Évangile ne réside pas dans l'adhésion à la loi mais dans la faveur imméritée de Dieu : la grâce. Ce thème central résonne tout au long de l'épître, alors que Paul établit des lignes directrices qui s'appliquent non seulement aux judaïsants de son époque, mais aussi aux innombrables façons dont l'humanité continue de déformer le véritable Évangile. Son message reste d'une actualité frappante aujourd'hui, où des erreurs similaires peuvent être observées, se manifestant souvent par un mélange dangereux de foi et d'œuvres.

Paul commence sa défense en établissant l'autorité indubitable du Christ comme source du salut. Dans Galates 1 : 5, il souligne l'importance de la grâce qui vient à travers Jésus, soulignant que c'est cette grâce seule qui peut libérer l'humanité du mal du siècle présent, qui inclut les structures oppressives mises en place par des chefs religieux égarés. Sa farouche opposition aux judaïsants – un groupe qui cherchait à imposer les lois juives aux croyants païens – apparaît avec acuité alors qu'il lance une fervente attaque contre eux.

Dans Galates 1 :6-7, Paul exprime son étonnement face à la volonté des Galates d'abandonner la grâce du Christ pour ce qu'il appelle « un évangile différent ». Il écrit : « Je suis étonné que vous vous détourniez de Celui qui vous a appelé par la grâce du Christ à un évangile différent, qui n'en est pas un autre ; mais il y en a qui vous dérangent et veulent pervertir l'Évangile de Christ. Cette déclaration résume l'urgence de son message : il n'y a pas d'alternative à la grâce qu'offre Jésus. Tout écart par rapport à cette grâce constitue une trahison du fondement même de la foi chrétienne.

L'expression utilisée par Paul : « vous êtes en train de vous détourner » a de profondes implications. Cela suggère un processus – un voyage dans la mauvaise direction qui n'a pas encore atteint sa destination. Les Galates ne commettent pas simplement une erreur ponctuelle ; ils s'éloignent progressivement de la vérité. Ce processus peut être comparé à un navire qui dévie lentement de sa route, ignorant les dangers qui l'attendent. La logique de la chair, motivée par le raisonnement humain et les pressions sociétales, les a rendus aveugles à la vérité. Au lieu de s'appuyer sur le discernement de l'Esprit, ils sont au bord du désastre spirituel.

L'utilisation du terme par Paul *métastrépho* (grec : μεταστρέφω) met en évidence la nature de cette transformation : la corruption plutôt que la sanctification. Le terme donne le sentiment de se transformer ou de se transformer en autre chose. Cela signifie une distorsion, une métamorphose en une version de l'Évangile qui n'est plus reconnaissable. Le choix des mots de Paul est délibéré ; il veut que les Galates comprennent la gravité de leur situation. Ils ne s'éloignent pas simplement ; ils sont en train de se corrompre, de transformer la vérité du Christ en mensonge.

En réfléchissant aux judaïsants de son époque, Paul attire l'attention sur un modèle qui a persisté tout au long de l'histoire. La tentation de mélanger l'évangile de la grâce avec des pratiques légalistes est aussi ancienne que la foi elle-même. Tout comme les judaïsants cherchaient à imposer la circoncision et l'adhésion à la loi aux nouveaux croyants, les mouvements modernes introduisent souvent des exigences supplémentaires pour le salut – qu'il s'agisse de rituels, de codes moraux ou de traditions extra-bibliques. La facilité avec laquelle les gens adoptent ces fausses versions du Christ reste alarmante.

Aujourd'hui, nous sommes témoins de diverses formes d'apostasie : des individus et des groupes qui ont autrefois embrassé l'Évangile mais se sont depuis détournés pour suivre une version diluée du christianisme. Ces mouvements démarrent souvent avec de bonnes intentions, visant à rendre la foi plus pertinente ou accessible. Cependant, comme le montre l'histoire, la voie du compromis peut conduire à un dangereux écart par rapport à la vérité. L'avertissement de Paul résonne puissamment dans ce contexte, nous rappelant l'impératif de protéger la pureté de l'Évangile contre toute distorsion.

L'APPEL AU DISCERNEMENT

Le besoin de discernement au sein de la communauté confessionnelle est plus crucial que jamais. Les Galates, comme beaucoup d'autres aujourd'hui, étaient pris dans un réseau de messages contradictoires. L'attrait d'une foi plus confortable – une foi qui promet l'approbation par les œuvres plutôt que par la grâce – peut être tentante. Il est essentiel que les croyants s'enracinent dans la vérité de la Parole de Dieu et cultivent une relation avec le Saint-Esprit, qui leur fournit conseils et sagesse pour naviguer dans ces complexités.

L'exhortation de Paul n'est pas simplement une critique historique mais un appel intemporel à l'action. Il exhorte les Galates – et par extension nous tous – à rester vigilants, à reconnaître les signes de dérive spirituelle et à rejeter toute notion qui mine la suffisance du sacrifice du Christ. Les enjeux sont élevés ; l'Évangile risque d'être perverti, et avec lui, l'essence même de la foi elle-même.

Abandonner Dieu Dieu (le Père) qui les a créés est un acte pécheur. Dieu a été le Dieu qui a amené le peuple (et nous) à « la grâce du Christ » en premier lieu. C'est au cœur de la prédication de l'Évangile. C'est le but du processus d'évangélisation. L'appel de l'Apôtre est de faire ceci. La réponse du prophète et le message principal du pasteur, et le cadre de l'enseignant. S'il est corrompu par l'évangile, il corrompt et influence tous les ministères du ministère de la grâce et empêche la grâce de l'évangile dans un monde incroyant (païen) et est perdu !

CONCLUSION

En affrontant les ennemis de la Grâce, Paul lance un appel à défendre le véritable Évangile du Christ. Sa défense passionnée sert à la fois d'avertissement et d'encouragement aux croyants de génération en génération. La lutte contre le légalisme et la tentation d'enrichir l'Évangile se poursuit encore aujourd'hui, et les paroles de Paul fournissent une feuille de route pour discerner le message authentique de la grâce.

Alors que nous réfléchissons à ce message puissant, engageons-nous dans la recherche de la vérité. Soyons vigilants contre l'attrait des faux enseignements et les compromis subtils qui menacent de diluer notre foi. Dans un monde en proie à la confusion et aux troubles spirituels, nous devons nous accrocher fermement à l'Évangile de la grâce, lui permettant de transformer nos vies et de guider nos actions. La lettre de Paul aux Galates nous rappelle que notre espérance ne réside pas dans la loi mais dans la grâce immuable du Christ, une grâce qui nous appelle à vivre dans la liberté et à partager cette liberté avec les autres.

Nous sommes sauvés par la grâce de Dieu : rien de plus !

Au cœur même de la foi chrétienne se trouve une vérité fondamentale sur laquelle Paul a souligné à maintes reprises : nous sommes sauvés par la grâce de Dieu, ni plus ni moins. Cette déclaration profonde résume le cœur de l'Évangile, le distinguant de tout autre système religieux qui cherche à établir une relation avec Dieu par l'effort humain ou l'adhésion à la loi. C'est le message libérateur qui affirme que le salut ne s'obtient pas par des œuvres ou des rituels, mais plutôt par un don gratuit qui nous est accordé par un Dieu aimant qui désire les relations plutôt que le légalisme.

Malgré ce message clair de grâce, Paul était confronté à un défi alarmant parmi les chrétiens galates. Certains membres issus de conversions juives, aux côtés de ceux qui maintenaient une stricte adhésion aux coutumes religieuses juives, préconisaient que ces nouveaux croyants observent la loi mosaïque et pratiquent la circoncision comme éléments essentiels de leur foi. Cette pression pour se conformer à la loi menaçait non seulement la liberté qu'offre l'Évangile de la grâce, mais cherchait également à saper l'œuvre de transformation du Christ dans la vie des croyants Galates.

Une telle insistance sur des pratiques légalistes n'était pas simplement un désaccord mineur ; c'était une attaque pure et simple contre l'essence même du ministère de Paul. Pour Paul, les implications étaient profondes. Il considérait cela comme une attaque non seulement contre l'église de Jérusalem, qui avait été un point central de la première communauté chrétienne, mais plus significativement comme une attaque contre la doctrine qu'il avait minutieusement établie. Tout son ministère était enraciné dans la conviction que le salut vient uniquement par la foi en Christ, et toute tentative d'y ajouter était un défi direct au message qu'il prêchait.

La réponse de Paul fut féroce et inébranlable. Il n'était pas homme à rester les bras croisés et à permettre à de telles hérésies de gagner du terrain au sein de l'Église. Il comprenait que même le moindre compromis pouvait conduire à une pente glissante, où un écart par rapport à la vérité pouvait entraîner une confusion et des erreurs généralisées. Cette prise de conscience l'a contraint à agir immédiatement ; il n'était pas disposé à laisser l'affaire « glisser » ou simplement à espérer qu'elle se résoudrait d'elle-même avec le temps. Les enjeux étaient trop élevés et il reconnaissait que permettre à de faux enseignements de prendre racine pourrait avoir des conséquences catastrophiques pour le corps du Christ.

Cette préoccupation soulève une question importante pour l'Église moderne : sommes-nous témoins de schémas similaires aujourd'hui ? Sommes-nous, en tant que communauté de croyants, en train d'accepter des erreurs qui pourraient établir un statu quo irréversible parmi les croyants ? Les parallèles entre l'époque de Paul et la nôtre sont frappants. Tout comme l'Église primitive était aux prises avec les influences du légalisme et la pression de se conformer à certaines pratiques, l'Église d'aujourd'hui se retrouve souvent confrontée à des défis similaires.

Dans Galates 5 :7-11, Paul pose une question rhétorique qui touche au cœur du problème : « Qui vous a empêché de rechercher la vérité ? Il souligne que la persuasion qui les éloigne de la grâce ne vient pas de Celui qui les a appelés. Ici, Paul utilise la métaphore du levain pour illustrer comment même une infime quantité de faux enseignements peut corrompre tout le morceau de pâte. Son avertissement est clair : permettre même à une petite quantité de légalisme ou de compromis d'entrer dans l'Église peut conduire à des distorsions significatives de l'Évangile.

La confiance de Paul dans les Galates est évidente lorsqu'il déclare : « J'ai confiance en vous et dans le Seigneur que vous n'aurez jamais d'autres pensées. » Il croyait en leur capacité à discerner la vérité de l'erreur, ancrée dans leur relation avec le Christ. Pourtant, il a également lancé un avertissement sévère à ceux qui les dérangeaient : « quiconque vous dérange sera jugé, quelle qu'en soit l'identité. » Cela nous rappelle que l'intégrité de l'Évangile doit être défendue à tout prix, et que ceux qui cherchent à le saper en subiront les conséquences.

Dans ce contexte, nous trouvons un aperçu important pour l'Église contemporaine, qui regorge de « troubles ». Le défi reste de reconnaître et de combattre les influences qui cherchent à diluer ou à déformer la vérité de l'Évangile. Tout comme Paul a brandi l'épée de la Parole pour affronter les faux enseignements, nous devons également nous engager dans l'Écriture pour combattre les dragons du compromis et du légalisme qui menacent d'infiltrer nos communautés.

En fin de compte, le message de Paul dans Galates constitue un guide intemporel pour les croyants d'aujourd'hui. Il souligne un principe crucial : « si cela ne commence pas par le Christ et ne se termine pas par le Christ, cela ne mérite pas d'être pris en considération. » Cette déclaration nous met au défi d'évaluer chaque enseignement, doctrine et pratique à la lumière de l'œuvre achevée du Christ sur la croix. Nous devons rester vigilants, discernant les voix qui cherchent à nous éloigner de la grâce qui est nôtre en Christ. En nous ancrant dans la vérité de l'Évangile, nous pouvons résister aux pressions du légalisme et soutenir fidèlement le message de grâce qui a le pouvoir de transformer des vies et des communautés.

Une ligne directrice intemporelle pour notre époque

Dans le paysage du christianisme moderne, où l'essence de l'Évangile est souvent obscurcie par diverses distractions, les paroles de l'apôtre Paul servent de ligne directrice vitale pour le temps présent. Son engagement farouche en faveur du message de grâce contraste fortement avec le légalisme qui menace d'infiltrer l'Église. L'épître de Paul aux Galates n'est pas seulement une lettre ancienne ; c'est un appel clair pour que les croyants s'accrochent au véritable Évangile – l'Évangile qui se concentre sur la grâce de Dieu et l'œuvre rédemptrice de Jésus-Christ.

L'insistance de Paul sur la pureté de l'Évangile est soulignée par une invective particulièrement forte trouvée dans Galates 1 :8-9 : « Mais même si nous, ou un ange du ciel, vous prêchons un autre évangile que celui que nous vous avons prêché, qu'il soit maudit. Comme nous l'avons déjà dit, je le répète maintenant : si quelqu'un vous prêche un autre évangile que celui que vous avez reçu, qu'il soit maudit. Ici, Paul établit un ton sérieux. Il insiste sur le fait que toute déviation de l'évangile qu'il a prêché n'est pas seulement une infraction mineure mais une grave erreur méritant d'être condamnée.

Le langage de Paul est intentionnel ; il utilise le mot
« maudit » pour signifier un rejet complet et total de
tout enseignement qui contredit l'évangile de la
grâce. Il ne s'agit pas d'un simple désaccord
théologique ; c'est une question de vie ou de mort –
spirituellement parlant. Les enjeux sont
incroyablement élevés car l'intégrité de l'Évangile est
en danger. Paul comprend que l'introduction d'un
évangile différent sape le fondement même du salut
que Jésus-Christ a établi par sa mort sacrificielle sur
la croix.

Son urgence est palpable lorsqu'il déclare que même
si un ange du ciel proclamait un évangile différent,
cet ange mériterait la même malédiction. Cette
déclaration nous rappelle avec force que notre
source de vérité doit toujours être fondée sur le
Christ et la révélation qu'il a fournie par
l'intermédiaire de ses apôtres. Paul précise
clairement que l'autorité humaine et angélique ne
peut remplacer la vérité de l'Évangile. Tout
enseignement qui cherche à compléter ou à
déformer l'Évangile doit être catégoriquement
rejeté.

Paul poursuit en articulant un concept théologique crucial : Jésus-Christ a donné sa vie pour libérer l'humanité de la malédiction imposée par la Loi. Cela fait naître une compréhension critique de la grâce : la prise de conscience que nous ne sommes plus liés par les contraintes de la loi mosaïque mais que nous sommes libérés par la loi de la grâce. En Christ, une nouvelle loi émerge, fondée sur la grâce et non sur l'effort humain ou l'adhésion à la loi.

Dans Galates 1 :15-16, Paul partage son témoignage de la façon dont il a été appelé par la grâce de Dieu, soulignant que son salut n'était pas le résultat d'une initiative ou d'un mérite humain. Il écrit : « Mais quand il plut à Dieu, qui m'a séparé dès le sein de ma mère et m'a appelé par sa grâce, de révéler son Fils en moi, afin que je puisse le prêcher parmi les païens. » Ce passage est profondément significatif, car il souligne que l'appel et la mission de Paul étaient entièrement l'œuvre de la grâce de Dieu.

L'identité de Paul en tant que ministre de la Grâce

Paul s'identifie comme un ministre de la grâce, quelqu'un qui est nommé et soutenu par la grâce. Cette auto-identification est plus qu'un simple titre ; cela reflète le cœur même de son ministère. Il reconnaît que la grâce n'est pas seulement le moyen de son salut mais aussi le fondement de sa vocation. Cette reconnaissance est essentielle car elle positionne Paul comme un serviteur de l'Évangile, dont la mission est de proclamer la vérité pure de l'œuvre du Christ sur la croix.

Réfléchir à cette déclaration révèle une dure réalité sur le ministère moderne. De nombreux ministres contemporains ont du mal à articuler leur appel en termes de grâce. Ils se retrouvent souvent empêtrés dans les aspects du ministère axés sur la performance, privilégiant les mesures de réussite plutôt que le pouvoir transformateur de la grâce. Cette déconnexion conduit à une profonde incompréhension de ce que signifie être un ministre de l'Évangile, entraînant une dilution du message.

Les implications de ceci sont significatives : lorsque les ministres n'ont pas une compréhension claire de la grâce, leurs congrégations se retrouvent sans les outils nécessaires pour reconnaître et combattre les faux enseignements. La vie d'innombrables personnes est affectée lorsque la grâce de Dieu n'est pas affirmée et célébrée au sein de l'Église. L'insistance de Paul sur le caractère central de la grâce n'est pas simplement une position théologique ; c'est une préoccupation pastorale qui cherche à sauvegarder la foi de la communauté.

Un appel à l'action

Paul ne pouvait pas rester les bras croisés alors que de faux enseignements menaçaient l'intégrité de l'Évangile. Il comprenait que la situation était désastreuse et il se sentait profondément responsable d'y remédier de front. Tout comme Paul s'est engagé dans cette bataille spirituelle, nous devons nous aussi assumer la responsabilité de défendre l'Évangile contre toute distorsion qui pourrait survenir au sein de nos églises aujourd'hui. Il est impératif que nous ne permettions pas que le message de grâce soit compromis ou diminué.

Au milieu de cette bataille, Paul affirme ses références divines, soulignant que son autorité pour prêcher l'Évangile ne découle pas de relations humaines ou de l'approbation d'autrui. Il écrit qu'il n'a pas consulté la chair et le sang, mais qu'il a reçu une révélation directe de Dieu. La confiance de Paul dans son appel et sa mission est inébranlable ; il sait que ses instructions viennent de Dieu seul.

Cette conviction est puissamment illustrée dans son récit de sa rencontre avec les judaïsants, ceux qui cherchaient à imposer la Loi aux nouveaux convertis. Paul raconte l'histoire de Tite, un croyant grec qui travaillait à ses côtés dans le ministère. Titus n'avait pas été circoncis, ce qui soulevait d'importantes questions parmi les croyants juifs quant à sa légitimité en tant que ministre de l'Évangile. Les judaïsants ont contesté la décision de Paul de permettre à Tite de voyager avec lui, insistant sur le fait que l'adhésion à la Loi était nécessaire pour être acceptée au sein de la communauté de foi.

LE DÉFI DU LÉGALISME

La confrontation autour de Titus constitue un rappel poignant de la nature omniprésente du légalisme, même au sein de l'Église primitive. La question de savoir si Titus pourrait servir et exercer son ministère dans son état « d'incirconcis » met en évidence la lutte entre la liberté trouvée dans la grâce et l'esclavage de la Loi. Pour les judaïsants, les marqueurs extérieurs de la foi, comme la circoncision, étaient primordiaux. Cependant, le point de vue de Paul était radicalement différent ; il a compris que la vraie foi se manifeste non par une conformité externe à la Loi mais par une transformation interne provoquée par la grâce de Dieu.

En défendant Tite, Paul souligne le message central de l'Évangile : que le salut et l'acceptation devant Dieu sont basés sur la foi en Christ, et non sur l'adhésion à la Loi. Il soutient qu'exiger la circoncision comme condition préalable à la communion fraternelle contredit l'essence même de la grâce offerte par Jésus. La position de Paul est une déclaration audacieuse de la liberté que les croyants ont en Christ, une liberté qui les libère des chaînes du légalisme.

L'importance de maintenir la grâce

En réfléchissant au témoignage puissant de Paul et à son engagement inébranlable envers le message de grâce, nous nous rappelons nos propres responsabilités en tant que croyants. L'Église actuelle doit rester vigilante contre les empiètements subtils du légalisme et des faux enseignements qui peuvent conduire à l'esclavage spirituel. Il est essentiel que nous défendions la vérité de l'Évangile et que nous veillions à ce que la grâce reste au cœur de notre compréhension de la foi et du ministère.

Le parcours de Paul et son fervent plaidoyer en faveur de l'évangile de la grâce nous obligent à évaluer notre propre compréhension de la grâce et de son rôle dans nos vies. Acceptons-nous vraiment le pouvoir transformateur de la grâce dans notre marche personnelle avec Christ ? Est-ce que nous proclamons ce message aux autres et entretenons-nous des communautés qui reflètent la grâce de Dieu ? Les réponses à ces questions détermineront la santé et la vitalité de notre foi et l'efficacité de notre ministère.

Dans un monde rempli d'idéologies concurrentes et de distractions, tenons compte de l'appel de Paul à rester fermes dans la grâce qui est la nôtre en Jésus-Christ. Tout comme Paul s'est battu sans relâche pour préserver la pureté de l'Évangile, nous devons nous aussi assumer la responsabilité de défendre ce message sacré, en veillant à ce qu'il continue de transformer des vies et d'attirer les gens dans une relation avec le Dieu vivant. L'Évangile de la grâce n'est pas simplement une doctrine à enseigner ; c'est une réalité à vivre, reflétant l'amour et la miséricorde de Dieu envers un monde qui a désespérément besoin d'espérance.

L'ÉTONNEMENT DE PAUL ET LES JUDAÏSANTS

Paul était étonné. Sa surprise n'était pas simplement une réaction au caractère inhabituel du comportement des Galates ; cela découlait d'une profonde déception de constater que les personnes mêmes auprès desquelles il avait travaillé diligemment pour servir recevaient de faux enseignements et s'écartaient de l'évangile de la grâce. Dans sa lettre, Paul réprimande les Galates avec une question rhétorique : « Qui sont ces gars-là ? Il fait référence aux judaïsants, un groupe d'individus qui poussaient un programme légaliste, insistant sur le fait que le respect de la loi et des pratiques comme la circoncision étaient nécessaires au salut. « Comment alors, les Galates, pourriez-vous les divertir, même en permettant à certains d'entre vous de suivre leur doctrine ? L'incrédulité de Paul est palpable et elle fait écho aux questions que nous pourrions nous poser aujourd'hui.

La vive réaction de Paul révèle non seulement ses sentiments personnels, mais aussi sa compréhension critique des implications de ces faux enseignements pour l'Évangile. Dans Galates 2 : 5-6, il écrit : « Nous n'avons pas cédé un instant à la soumission, afin que la vérité de l'Évangile vous soit préservée. Et parmi ceux qui semblaient influents, ce qu'ils étaient ne m'importe pas ; Dieu ne montre aucune partialité. Ici, Paul souligne l'importance de maintenir l'intégrité de l'Évangile, quel que soit le statut ou l'autorité perçue de ceux qui propagent de faux enseignements. Son engagement envers la vérité est inébranlable, reflétant une profonde compréhension que l'Évangile ne dépend pas de l'approbation humaine ou de la tradition.

La nature du ministère de Paul

Le ministère de Paul était caractérisé par une distinction claire entre le message de grâce et les exigences de la Loi. Tout en reconnaissant que Pierre et d'autres apôtres avaient des missions spécifiques auprès du peuple juif, il restait résolu dans son appel aux Gentils. Cette distinction met en évidence un thème plus large dans le Nouveau Testament : l'Évangile transcende les frontières culturelles et religieuses. La mission de Paul n'était pas définie par la Loi mais par la grâce de Dieu, qui était accessible à tous.

L'Église primitive était parvenue à un consensus au Concile de Jérusalem, reconnaissant que les croyants non juifs ne devraient pas être accablés par les exigences de la Loi, telles que la circoncision. Au lieu de cela, il leur était simplement demandé d'éviter certaines pratiques afin de favoriser l'unité entre les croyants. Cette décision soulignait une vérité fondamentale : la Loi servait de guide temporaire, de tuteur qui pointait vers le Christ. Comme Paul l'explique dans Galates 3 :24-25 : « La loi a donc été notre gardienne jusqu'à la venue du Christ, afin que nous soyons justifiés par la foi. Maintenant que cette foi est venue, nous ne sommes plus sous tutelle. La transition de la loi à la grâce signifie un changement dans la façon dont les croyants se rapportent à Dieu – une relation fondée sur la foi plutôt que sur les œuvres.

L'ARGUMENT THÉOLOGIQUE DE PAUL

Les implications de ce changement sont profondes. Paul ne défend pas seulement son ministère ; il jette les bases de la compréhension de la nature même du salut. Dans Galates 2 :20, il partage un verset qui est devenu la pierre angulaire de l'identité chrétienne : « J'ai été crucifié avec Christ, et je ne vis plus, mais Christ vit en moi. La vie que je vis maintenant dans le corps, je la vis par la foi au Fils de Dieu, qui m'a aimé et s'est donné pour moi. Cette déclaration résume l'essence de la vie chrétienne : il ne s'agit pas d'adhérer à un ensemble de règles ou de traditions mais de vivre en relation avec le Christ, fortifié par sa grâce.

La position ferme de Paul contre les judaïsants illustre sa compréhension du danger posé par ceux qui voudraient ajouter des conditions à l'Évangile. Il trace une ligne de démarcation claire, déclarant que si les Galates se rangaient du côté des judaïsants, ils se sépareraient de la grâce qui se trouve en Christ. Dans Galates 2 :21, il affirme : « Je ne mets pas de côté la grâce de Dieu, car si la justice pouvait être obtenue par la loi, Christ est mort pour rien ! » Cette déclaration nous rappelle avec force que toute tentative d'obtenir le salut par les œuvres sape le fondement même de l'Évangile.

L'envoûtement des Galates

La frustration de Paul atteint son paroxysme lorsqu'il s'adresse aux Galates avec l'exclamation : « Ô Galates insensés ! Qui t'a ensorcelé ? Cette question rhétorique capture l'essence de sa préoccupation : comment ont-ils pu abandonner si rapidement la vérité de l'Évangile pour une version déformée ? En invoquant le terme « ensorcelé », Paul met en évidence la tromperie spirituelle en jeu, assimilant l'influence des judaïsants à la sorcellerie. Cette accusation est à la fois alarmante et donne à réfléchir, car elle suggère que les Galates sont soumis à un puissant sortilège qui obscurcit leur jugement et les éloigne de la vérité.

Au cœur de l'argumentation des judaïsants se trouvait une revendication de lignée, affirmant : « Nous sommes la postérité d'Abraham ». Paul répond à cela en soulignant la nature de la promesse faite à Abraham, expliquant que ce n'est pas la généalogie qui accorde la justice mais la foi. Dans Galates 3 :24-29, il développe cette idée : « Ainsi donc, en Jésus-Christ, vous êtes tous enfants de Dieu par la foi… si vous appartenez à Christ, alors vous êtes la postérité d'Abraham et héritiers selon la promesse. » Paul démonte efficacement les arguments des judaïsants en déplaçant l'accent de l'identité ethnique vers l'identité spirituelle en Christ.

LA PEUR DE PAUL POUR LES GALATES

Au milieu de ses arguments théologiques, Paul exprime sa profonde préoccupation pour les Galates. Dans Galates 4 :9-11, il déclare : « Mais maintenant que vous connaissez Dieu, ou plutôt que vous êtes connus de Dieu, comment pourrez-vous revenir aux principes élémentaires faibles et sans valeur du monde, dont vous êtes les esclaves. tu veux l'être encore une fois ? Vous observez les jours, les mois, les saisons et les années ! J'ai peur d'avoir travaillé sur vous en vain. Sa crainte ne concerne pas seulement leur bien-être spirituel, mais aussi la perte potentielle de ce qu'il a travaillé sans relâche pour établir parmi eux. Cette peur résonne à travers les siècles comme un rappel des dangers du retour au légalisme et au ritualisme.

Les questions rhétoriques de Paul mettent les Galates au défi de considérer les implications de leurs choix. Ayant expérimenté la liberté et la grâce de Dieu, pourquoi voudraient-ils revenir aux contraintes de la Loi ? La juxtaposition entre la connaissance de Dieu et le retour à des principes « faibles et sans valeur » sert d'avertissement sévère contre la complaisance et la régression dans la foi. Ses paroles nous poussent à examiner nos propres vies et à identifier les domaines dans lesquels nous pouvons involontairement revenir à une compréhension basée sur la performance de notre relation avec Dieu.

LA NATURE DES FAUX ENSEIGNEMENTS

Dans Galates 4 : 16-17, Paul confronte les motivations de ceux qui cherchaient à détourner les Galates de la vérité. « Suis-je alors devenu votre ennemi en vous disant la vérité ? Ils font beaucoup de vous, mais pour rien. Ils veulent vous exclure pour que vous puissiez faire grand cas d'eux. Paul reconnaît que les faux enseignants ne s'intéressent pas à la croissance spirituelle des Galates ; ils cherchent plutôt à les manipuler et à les contrôler pour leur propre gain. Cette idée reste pertinente dans l'Église d'aujourd'hui, où certains dirigeants peuvent promouvoir leurs programmes au détriment de l'Évangile.

La clarté de Paul sur la nature des faux enseignements est vitale pour l'Église d'aujourd'hui. Tout comme il a discerné les motivations des judaïsants, nous devons nous aussi être vigilants et reconnaître les voix qui nous éloignent de la vérité. Il est essentiel d'évaluer les enseignements par rapport aux normes de l'Écriture et de l'Évangile de la grâce. Tout enseignement qui déforme le message de grâce ou cherche à imposer des fardeaux supplémentaires aux croyants doit être accueilli avec prudence et, si nécessaire, rejeté.

LE DANGER DE TOMBER EN DISGRÂCE

Dans Galates 5 :4, Paul donne un avertissement qui donne à réfléchir : « Vous êtes séparés de Christ, vous qui vouliez être justifiés par la loi ; vous avez perdu la grâce. La disgrâce n'est pas simplement un concept théologique ; cela signifie une profonde crise spirituelle. Lorsque des individus ou des communautés se détournent de l'Évangile et tentent d'atteindre la justice par leurs efforts, ils se coupent effectivement de la source même de leur salut.

Les paroles de Paul nous rappellent brutalement que la grâce n'est pas quelque chose qui doit être tenu pour acquis. Il est essentiel de reconnaître que s'écarter de la grâce est une affaire grave aux conséquences éternelles. En tant que croyants, nous devons rester fermes dans la liberté qu'offre le Christ, en résistant à la tentation de revenir à des pratiques légalistes ou à une foi basée sur la performance.

Dans Galates 5 :1, Paul exhorte les Galates : « C'est pour la liberté que Christ nous a affranchis ; Tenez donc ferme et ne vous soumettez plus au joug de l'esclavage. Cet appel à la liberté est au cœur du message du Nouveau Testament. Paul souligne que la grâce de Dieu inaugure un nouveau paradigme : une loi de liberté qui libère les croyants des contraintes de la Loi. La liberté qu'offre le Christ n'est pas une licence pour pécher mais une invitation à vivre en relation avec Lui, animé par le Saint-Esprit.

La loi de la liberté est une réalité transformatrice pour ceux qui placent leur foi en Christ. Cela signifie la libération des fardeaux de la Loi et l'embrassement d'une vie définie par la grâce. Cette liberté permet aux croyants de vivre de manière authentique, guidés par l'Esprit plutôt que par les exigences d'un cadre légaliste. Le plaidoyer passionné de Paul pour que les Galates acceptent cette liberté est un appel à tous les croyants à reconnaître la profondeur de la grâce de Dieu et les implications qu'elle a pour leur vie.

En conclusion, le message de Paul aux Galates reste profondément pertinent aujourd'hui. Son étonnement face à leur volonté d'accepter de faux enseignements sert de mise en garde pour l'Église contemporaine. Alors que nous naviguons dans un monde rempli d'idéologies et d'enseignements concurrents, nous devons rester vigilants et défendre la vérité de l'Évangile. L'appel à embrasser la grâce, à résister au légalisme et à vivre dans la liberté du Christ est aussi urgent aujourd'hui qu'il l'était à l'époque de Paul.

LA DÉCLARATION D'INDÉPENDANCE DANS LA FOI

L'épître aux Galates est un puissant manifeste de liberté – une « déclaration d'indépendance » pour tous ceux qui croient au Christ. Paul défend avec passion l'idée selon laquelle la foi en Jésus libère les croyants de l'esclavage du péché et des contraintes légalistes de la Loi. Ce message résonne tout au long de la lettre, fournissant non seulement des principes théologiques mais aussi des lignes directrices pratiques pour vivre une vie pleine de grâce.

L'insistance de Paul sur le fait que les croyants ne doivent pas se laisser prendre au piège du péché est au cœur de son message. Il dresse un portrait vivant des conséquences d'un comportement pécheur. Dans Galates 5 :19-21, il énumère une liste d'actes qui conduisent à l'esclavage spirituel : l'immoralité sexuelle, l'idolâtrie, la haine, la discorde, la jalousie, et bien plus encore. Sa conclusion est dure et sans compromis : « Ceux qui pratiquent de telles choses n'hériteront pas du royaume de Dieu. » Cette déclaration sert à la fois d'avertissement et d'appel à la sainteté, exhortant les croyants à poursuivre un style de vie qui reflète leur nouvelle identité en Christ.

Marcher selon l'Esprit

L'antidote aux désirs de la chair, affirme Paul, se trouve dans la marche selon l'Esprit. Dans Galates 5 :16, il exhorte les Galates : « Marchez selon l'Esprit, et vous ne satisfaireez pas les désirs de la chair. » Cet appel à marcher selon l'Esprit introduit un concept transformateur : l'autonomisation du croyant par le Saint-Esprit. Marcher selon l'Esprit n'est pas simplement un voyage métaphorique ; elle représente une dynamique relationnelle profonde où le croyant est guidé et fortifié par l'Esprit de Dieu.

Paul explique plus en détail comment la grâce se manifeste dans l'action pratique. Dans Galates 5 : 13, il souligne que même si les croyants sont appelés à la liberté, ils ne devraient pas utiliser cette liberté comme excuse pour se livrer à des désirs égoïstes. Au lieu de cela, ils doivent se servir les uns les autres avec amour. Cette réorientation radicale d'une vie égocentrique à une vie centrée sur les autres est l'essence d'une vie vécue dans l'Esprit.

Les fruits de l'Esprit

Galates 5 :22-23 introduit le concept des « fruits de l'Esprit », qui servent de test décisif pour l'authenticité de la marche spirituelle d'une personne. Paul énumère ces fruits : l'amour, la joie, la paix, la patience, la bonté, la bonté, la fidélité, la douceur et la maîtrise de soi. Chacune de ces caractéristiques représente l'œuvre active du Saint-Esprit dans la vie d'un croyant, transformant sa nature et guidant ses actions.

Cette transformation n'est pas seulement interne ; cela a des implications externes. Une vie marquée par les fruits de l'Esprit est une vie qui édifie la communauté, favorise des relations authentiques et reflète le caractère du Christ. Contrairement aux actes de la chair, qui conduisent à la division et aux conflits, les fruits de l'Esprit cultivent l'unité et l'harmonie entre les croyants.

La vision de Paul pour l'Église est celle où la grâce règne et où l'Esprit guide chaque interaction. Il encourage les Galates à se concentrer sur la façon de vivre ces fruits, leur rappelant qu'il n'existe aucune loi contre de telles choses. En d'autres termes, ces qualités répondent à l'intention de la Loi, qui est de promouvoir l'amour et la justice parmi le peuple de Dieu.

LE FARDEAU DE LA COMMUNAUTÉ

Au cœur du message de Paul dans Galates se trouve le thème de la communauté et du soutien mutuel. Dans Galates 6 :1-2, il écrit : « Frères, si quelqu'un est surpris en quelque transgression, vous qui êtes spirituels, rétablissez-le dans un esprit de douceur. » Cette instruction souligne l'importance d'une approche pleine de grâce pour faire face au péché au sein de la communauté des croyants. Plutôt que de juger ou d'exclure ceux qui tombent, Paul appelle à la restauration et à une correction douce.

Il souligne la nécessité de porter les fardeaux les uns des autres comme accomplissement de la loi du Christ. Ce principe de porter le fardeau est essentiel à la vie de l'Église. Cela favorise un environnement de grâce dans lequel les individus se sentent en sécurité pour avouer leurs difficultés et demander de l'aide sans craindre d'être condamnés. Le corps du Christ est censé être un refuge, un lieu où la guérison et la restauration peuvent avoir lieu.

L'accent mis par Paul sur la communauté reflète également la réalité de l'expérience humaine. Personne n'est à l'abri des difficultés, des échecs ou du péché. L'appel à porter les fardeaux les uns des autres est une reconnaissance du fait que nous sommes plus forts ensemble, nous appuyant les uns sur les autres pour nous soutenir et nous encourager alors que nous relevons les défis de la vie.

LE DANGER DE L'AUTOSATISFACTION

Contrairement à la communauté remplie de grâce envisagée par Paul, il met en garde contre l'autosatisfaction et les attitudes de jugement qui surgissent souvent dans les cercles religieux. La tendance à pointer du doigt et à condamner ceux qui hésitent est un piège que l'Église doit éviter. La critique de Paul à l'égard des judaïsants sert de mise en garde contre un ministère sans grâce qui se concentre sur les apparences extérieures et l'adhésion légaliste aux règles plutôt que sur la foi et l'amour authentiques.

Il met en lumière l'hypocrisie de ceux qui cherchent à imposer des fardeaux aux autres tout en négligeant leurs propres échecs. Cette attitude pharisaïque est contraire au cœur même de l'Évangile. Au lieu de favoriser un environnement de grâce, cela crée la division et l'aliénation. L'exhortation de Paul à restaurer avec douceur et à supporter les fardeaux les uns des autres va à l'encontre de cette tendance, en promouvant une culture d'humilité et de compassion.

L'importance de la responsabilité personnelle

Il est intéressant de noter que dans Galates 6 :5, Paul affirme : « Car chacun devra porter son propre fardeau. » Même si la communauté ecclésiale est appelée à se soutenir mutuellement, la responsabilité personnelle est également primordiale. Chaque croyant est responsable de ses propres actions et de sa croissance spirituelle. Cette double insistance sur la responsabilité communautaire et individuelle garantit que, tout en nous élevant les uns les autres, nous reconnaissons également notre cheminement de foi personnel.

Porter sa propre charge implique un engagement actif dans sa vie spirituelle. C'est un appel à la maturité, où les croyants sont encouragés à s'approprier leur relation avec le Christ. Cet équilibre entre le soutien collectif et la responsabilité individuelle est essentiel pour une communauté ecclésiale saine.

En concluant cette épître, Paul souligne l'importance de vivre la grâce en action. Dans Galates 6 :7-8, il prévient : « Ne vous y trompez pas : on ne se moque pas de Dieu, car ce qu'on sème, il le récoltera aussi. » Ce principe de semer et de récolter s'applique à la fois aux aspects spirituels et pratiques de la vie. Si nous semons dans la chair — en nous livrant au péché et à un comportement égoïste — nous en récolterons les conséquences. À l'inverse, si nous semons dans l'Esprit — en vivant conformément à la volonté de Dieu et en servant les autres — nous récolterons la vie et les bénédictions éternelles.

L'appel à l'action de Paul est clair : la grâce doit être une force active dans nos vies. Cela devrait nous obliger à faire du bien à tout le monde, en particulier aux membres de la famille de la foi. Ce ministère de grâce n'est pas un effort passif ; cela demande de l'intentionnalité et des efforts. Nous sommes appelés à être des vases de grâce, apportant gentillesse, amour et soutien à ceux qui nous entourent.

Réflexions finales sur le message de Paul

Alors que Paul conclut sa lettre aux Galates, il réaffirme le pouvoir transformateur de l'Évangile. Il souligne qu'en Christ, ni la circoncision ni l'incirconcision n'ont de valeur ; ce qui compte, c'est une nouvelle création (Galates 6 :15). Cette déclaration résume le cœur du message évangélique : notre identité se trouve en Christ seul, et non dans notre adhésion à des règles religieuses ou à des normes culturelles.

Les derniers versets de Galates reflètent la profonde préoccupation de Paul pour les Galates et son désir qu'ils embrassent la véritable essence de l'Évangile. Il les encourage à se concentrer sur la grâce de Jésus-Christ, qui est le fondement de leur foi et la source de leur force. Dans cette grâce, il y a la paix, l'espoir et un sentiment d'appartenance.

Conclusion

En résumé, l'épître de Paul aux Galates nous rappelle avec force la liberté que nous avons en Christ. Sa déclaration d'indépendance du péché et du légalisme nous invite à embrasser une vie de grâce, caractérisée par les fruits de l'Esprit et un engagement communautaire. Les défis de l'autosatisfaction, du jugement et de l'apathie sont contrés par un appel à porter les fardeaux les uns des autres et à marcher selon l'Esprit.

En réfléchissant à ce message, réfléchissons à la manière dont nous pouvons incarner les principes de la grâce dans nos vies et dans nos communautés. Marchons-nous activement selon l'Esprit, cherchons-nous à porter les fardeaux les uns des autres et accordons-nous la grâce à ceux qui nous entourent ? Les paroles de Paul nous encouragent à vivre notre foi de manière authentique, en démontrant l'amour du Christ à un monde dans le besoin. Puissions-nous nous efforcer d'être des vases de grâce, reflétant le cœur de Jésus dans tout ce que nous faisons.

Le fondement de la foi : comprendre l'Évangile de la grâce par la révélation

Au cœur de la théologie chrétienne se trouve la doctrine essentielle de la grâce, une vérité qui transforme les vies et façonne les ministères. L'épître aux Galates, écrite par l'apôtre Paul, sert de pierre angulaire pour comprendre l'Évangile de la grâce reçu par la révélation divine. Dans un monde souvent caractérisé par la confusion et l'incompréhension, il est essentiel d'avoir une vision claire du fondement sur lequel on est construit afin de s'engager dans une prédication authentique et un ministère efficace.

Le rôle de la révélation

L'affirmation de Paul dans **Galates 1:11-12** est sans équivoque : « Car je voudrais que vous sachiez, frères, que l'Évangile que j'ai prêché n'est pas selon l'homme. Car je ne l'ai ni reçu d'un homme, ni enseigné, mais il m'est venu par la révélation de Jésus-Christ. ». Ce passage souligne un point critique : l'Évangile n'est pas le produit de l'ingéniosité ou de la tradition humaine. C'est une révélation divine, une vérité qui vient de Dieu lui-même. Sans cette compréhension, toute tentative de ministère manquera de l'authenticité et de l'autorité qui découlent d'une véritable rencontre avec le divin.

Le fondement de notre foi doit être enraciné dans la révélation. La propre expérience de solitude de Paul dans le désert, où il cherchait le Seigneur avec ferveur, illustre la nécessité de chercher Dieu par-dessus tout. Plutôt que de s'appuyer sur les enseignements ou les traditions humaines, il a donné la priorité à la communion directe avec Dieu, ce qui a finalement façonné sa théologie et son ministère. Ce principe est également essentiel pour les ministres contemporains ; ils doivent rechercher la face de Dieu afin de transmettre avec précision ses vérités à la congrégation.

LE POUVOIR DE LA RÉVÉLATION DANS LE MINISTÈRE

Le ministère de Paul était régi par la révélation, comme le démontre **Galates 2:1-2**: "Puis quatorze ans plus tard, je remontai à Jérusalem avec Barnabas et pris Tite avec moi. Et je montai par révélation et je leur communiquai l'évangile que je prêche parmi les païens." Ici, Paul indique que sa mission n'était pas simplement une réponse aux besoins du peuple ou aux traditions de l'Église ; c'était un rendez-vous divin. Cela souligne une vérité profonde : un ministère efficace naît d'une compréhension claire de l'appel et de la direction de Dieu.

Dans les premiers jours de l'Église, les dirigeants recevaient souvent des révélations qui guidaient leurs décisions et leurs actions. Un exemple notable est le ministère de Clayt Sonmore, qui a joué un rôle central dans les réunions d'hommes d'affaires du Plein Evangile. Grâce à la révélation divine, les problèmes de péché et les intentions cachées des dirigeants ont été mis en lumière, provoquant les corrections nécessaires et conduisant à un épanouissement de la foi et de la pratique. Ce modèle de ministère, fondé sur l'œuvre du Saint-Esprit, contraste fortement avec les approches souvent superficielles observées aujourd'hui dans de nombreuses églises contemporaines.

FAIRE FACE À L'HYPOCRISIE

Dans **Galates 2 : 11-14**, Paul confronte Pierre au sujet de son hypocrisie à Antioche : « Mais quand Pierre vint à Antioche, je lui résistai en face, parce qu'il était condamné. Car avant que certains hommes ne viennent de Jacques, il mangeait avec les païens ; mais quand ils venaient , il recula et se sépara, craignant le parti de la circoncision." Cette confrontation est cruciale, car elle illustre l'engagement de Paul envers la vérité de l'Évangile. Paul n'avait pas peur de défier même les dirigeants les plus éminents lorsque leurs actions contredisaient les principes de la foi.

Aujourd'hui, il semble y avoir une réticence au sein de nombreux cercles ecclésiaux à aborder les questions d'hypocrisie et d'immoralité parmi les dirigeants. Le silence sur de telles questions peut conduire à une culture de complaisance et d'apathie, où la vérité est sacrifiée au profit du maintien des relations ou des apparences. L'exemple de Paul met les dirigeants modernes au défi de maintenir l'intégrité de l'Évangile, quelles qu'en soient les conséquences potentielles. Il démontre que le véritable amour pour l'Église nécessite une volonté d'affronter le péché, quel qu'en soit le prix.

L'ŒUVRE DE L'ESPRIT DANS L'ÉGLISE

Dans **Galates 3:5**, Paul soulève une question importante concernant le rôle du Saint-Esprit dans la vie de l'Église : « Celui qui vous donne l'Esprit et qui opère des miracles parmi vous le fait-il par les œuvres de la loi, ou en écoutant avec foi ? Ici, Paul souligne que la présence et la puissance du Saint-Esprit ne dépendent pas de l'adhésion à la Loi mais sont accessibles par la foi. Ce principe est crucial pour comprendre la nature de l'œuvre de Dieu dans la vie des croyants.

L'Église contemporaine fait souvent l'expérience d'un décalage entre la puissance de l'Esprit et le ministère quotidien. L'absence de miracles et de manifestations de la puissance de l'Esprit peut souvent être attribuée à une attente moindre ou à une concentration sur l'effort humain plutôt que sur l'intervention divine. Dans les domaines missionnaires, cependant, la preuve de l'œuvre de l'Esprit est indéniable. Les récits de guérisons miraculeuses, de résurrections et de croissance explosive des congrégations nous rappellent que là où le Saint-Esprit est honoré et recherché, des choses puissantes peuvent se produire.

LES BÉNÉDICTIONS D'ABRAHAM

Paul développe les bénédictions conférées aux croyants par la foi en **Galates 3:6-9**: "Tout comme Abraham 'a cru à Dieu, et cela lui a été imputé à justice', sachez donc que ce sont ceux qui ont la foi qui sont les fils d'Abraham." Cette vérité fondamentale souligne la continuité des promesses de Dieu de l'Ancien Testament au Nouveau Testament. Les bénédictions promises à Abraham s'étendent à tous ceux qui mettent leur foi en Christ, quelle que soit leur origine ethnique ou culturelle.

De plus, Paul soutient que l'héritage accordé aux croyants n'est pas basé sur la lignée ou l'adhésion à la Loi, mais sur la foi en Jésus-Christ. **Galates 3:13-14** déclare : « Christ nous a rachetés de la malédiction de la loi en devenant malédiction pour nous – car il est écrit : « Maudit est quiconque est pendu au bois » – afin qu'en Jésus-Christ la bénédiction d'Abraham parvienne aux païens. ". Cette inclusion radicale souligne que le salut et les bénédictions sont accessibles à tous ceux qui croient, brisant les barrières qui divisaient autrefois les gens.

LA THÉOLOGIE DE L'INCLUSION

les enseignements de Paul dans **Galates 3:26-29** renforcent encore la théologie de l'inclusion : « Car en Jésus-Christ, vous êtes tous fils de Dieu, par la foi. Car tous ceux d'entre vous qui ont été baptisés en Christ ont revêtu le Christ. Il n'y a ni Juif ni Grec, ni esclave ni libre, ni mâle ni Grec. femme, car vous êtes tous un en Jésus-Christ. » Cette profonde déclaration brise les barrières sociales et culturelles, promouvant une unité radicale entre les croyants. En Christ, les distinctions qui avaient autrefois un poids important perdent leur pertinence.

Ce message reste d'une actualité vitale aujourd'hui, alors que l'Église est aux prises avec des problèmes de division et d'inégalité. L'insistance de Paul sur l'égalité de tous les croyants en Christ met les églises au défi de refléter le caractère inclusif de l'Évangile dans leurs pratiques et attitudes. Il invite le corps du Christ à embrasser la diversité, reconnaissant que tous sont égaux héritiers des promesses de Dieu.

LA PROMESSE DU SAINT-ESPRIT

Dans **Éphésiens 1:13-14**, Paul développe le rôle du Saint-Esprit comme sceau de l'héritage du croyant : « En lui aussi, lorsque vous avez entendu la parole de vérité, l'évangile de votre salut, et que vous avez cru en lui, vous avez été scellés du Saint-Esprit promis. , qui est le garant de notre héritage jusqu'à ce que nous en prenions possession, à la louange de sa gloire." Ce scellement du Saint-Esprit est une assurance puissante pour les croyants, affirmant qu'ils appartiennent à Dieu et font partie de son plan éternel.

Le Saint-Esprit donne non seulement aux croyants le pouvoir d'exercer le ministère, mais sert également de rappel de l'espoir et de l'héritage futur qui les attend. Cette compréhension devrait encourager les croyants à vivre leur foi avec confiance et détermination, sachant qu'ils sont équipés par l'Esprit pour mener à bien la mission de Dieu dans le monde.

Conclusion : l'appel à l'authenticité

Les enseignements trouvés dans Galates et Éphésiens appellent l'Église à revenir à ses racines – un retour à un évangile fondé sur la révélation, habilité par le Saint-Esprit et caractérisé par la grâce. La prédication authentique de l'Évangile requiert une compréhension claire de ses fondements, enracinés dans la révélation personnelle et la foi. Il met les dirigeants contemporains au défi de dépasser la complaisance, de faire face à l'hypocrisie et de favoriser une culture de responsabilité au sein de l'Église.

De plus, alors que nous réfléchissons aux bénédictions d'Abraham et à la nature inclusive de l'Évangile, nous nous rappelons notre responsabilité de créer des communautés qui embrassent et célèbrent la diversité. L'appel à un ministère authentique est un appel à refléter le cœur du Christ, s'adressant à tous, quelle que soit leur origine.

Dans un monde qui a désespérément besoin d'espoir, l'Évangile de la grâce reste notre plus grand message. En tant que croyants, nous avons la tâche de porter ce message jusqu'aux extrémités de la terre, animés par l'Esprit et guidés par la révélation. Efforçons-nous d'être des intendants fidèles de ce don incroyable, vivant notre foi de manière authentique et audacieuse en proclamant la vérité de l'Évangile à tous ceux qui veulent bien l'entendre.

Les Fils et Filles de Dieu : Comprendre notre identité dans les derniers jours

Dans les derniers jours, les fils et filles de Dieu seront pleinement révélés, démontrant leur identité et leur objectif en tant qu'héritiers de la promesse divine. Cette identité est profondément enracinée dans la conception selon laquelle nous sommes des « fils de nés libres » par opposition aux « fils de femmes esclaves ». Dans ce discours, nous explorerons les implications de cette distinction, le contexte historique qui l'entoure et sa pertinence pour les communautés religieuses contemporaines.

Fils de Freeborn : un fondement biblique

L'apôtre Paul fournit une explication profonde de notre identité dans **Galates 4:30-31**, où il déclare : « Mais que dit l'Écriture ? 'Chassez la servante et son fils ; car le fils de la servante ne sera pas héritier avec le fils de la femme libre.' Ainsi donc, frères, nous ne sommes pas les enfants de la servante, mais de ceux qui sont libres. » Ce passage trace une frontière nette entre deux types de progéniture : ceux nés dans l'esclavage et ceux nés dans la liberté.

La référence de Paul à la « servante » et à la « femme libre » est une allusion directe au récit de l'Ancien Testament concernant Abraham, Sarah et Agar. Abraham eut deux fils : Ismaël, né d'Agar, la servante, et Isaac, né de Sarah, la femme libre. Selon les Écritures, l'héritage promis et les bénédictions de l'alliance devaient passer par Isaac et non par Ismaël. Cette distinction critique souligne le fondement de l'identité chrétienne : les croyants ne sont pas des enfants de l'esclavage mais des enfants de la promesse et de la liberté.

L'IMPORTANCE DE LA LIBERTÉ

Le concept d'être « né libre » résonne profondément dans la foi chrétienne. Être libre signifie hériter des promesses de Dieu sans les fardeaux de la Loi ni les chaînes du péché. Cela signifie une relation avec Dieu basée sur la grâce et non sur le mérite. Cette liberté est résumée dans l'œuvre du Christ, qui a libéré les croyants de la malédiction de la Loi par sa mort sacrificielle et sa résurrection.

Dans un monde qui cherche souvent à mélanger les croyances et à compromettre les doctrines fondamentales, les paroles de Paul servent d'appel à reconnaître et à maintenir la vérité de l'Évangile. Il n'y a pas de place pour des négociations avec des idéologies qui contredisent les principes fondateurs du christianisme. Les enfants de l'esclave – les descendants d'Agar – représentent non seulement une lignée différente mais aussi une compréhension contrastée de l'alliance de Dieu.

Dans la société d'aujourd'hui, l'appel au dialogue et à la coopération interreligieux est prédominant. De nombreux dirigeants religieux prônent l'unité entre les différents groupes religieux, estimant qu'une telle collaboration peut promouvoir la justice sociale et la paix. Cependant, le message de Paul remet en question cette notion. Il déclare catégoriquement qu'il n'y a pas de terrain d'entente entre les enfants de la promesse et les enfants de la servitude.

Malgré la bonne volonté des entreprises interconfessionnelles, telles que celles promues par des personnalités notables comme Rick Warren et Tony Blair, les chrétiens doivent faire preuve de discernement. S'engager dans des partenariats qui diluent ou compromettent le message central de l'Évangile peut conduire à une confusion et à des compromis théologiques. L'appel à « chasser la servante et son fils » est un appel à rester fidèle à la particularité de la foi chrétienne.

CONTEXTE HISTORIQUE : ABRAHAM ET SES FILS

Pour apprécier pleinement le message de Paul, nous devons revisiter l'histoire d'Abraham. La saga commence avec la promesse de Dieu à Abraham qu'il serait le père de nombreuses nations. Cependant, lorsque Sarah, sa femme, n'a pas pu avoir d'enfants, elle a offert sa servante Agar à Abraham, ce qui a conduit à la naissance d'Ismaël. Cet acte, né de l'effort humain plutôt que d'un timing divin, a ouvert la voie à un conflit.

Plus tard, Dieu a réaffirmé sa promesse à Abraham, déclarant que Sarah donnerait naissance à un fils, Isaac. La tension entre ces deux fils symbolise la lutte permanente entre la foi et les œuvres, la grâce et la loi. Ismaël représente les tentatives humaines pour accomplir les promesses de Dieu par l'autonomie, tandis qu'Isaac représente l'accomplissement de la promesse de Dieu par l'intervention divine.

Ce récit historique souligne l'importance de comprendre notre héritage en tant qu'enfants de Dieu. En tant que chrétiens, nous sommes les héritiers de la promesse faite à Abraham par l'intermédiaire d'Isaac. Cet héritage n'est pas basé sur notre performance mais sur la fidélité de Dieu. Par conséquent, nous devons rester fermes sur notre identité et résister à toute tentative de la compromettre au nom de l'acceptation sociétale.

L'identité des croyants en Christ

Les enseignements de Paul dans Galates mettent en évidence la nature transformatrice de la foi en Christ. Dans **Galates 3:26-29**, écrit-il : « Car vous êtes tous fils de Dieu par la foi en Jésus-Christ. Car tous ceux d'entre vous qui ont été baptisés en Christ ont revêtu Christ. Il n'y a ni Juif ni Grec, ni esclave ni libre, ni homme ni femme ; pour vous êtes tous un en Jésus-Christ. Et si vous êtes à Christ, alors vous êtes la postérité d'Abraham et héritiers selon la promesse.

Cette déclaration témoigne de l'inclusivité radicale de l'Évangile tout en maintenant le caractère distinctif de l'identité. Le message du Christ transcende les barrières culturelles et sociales, unissant les croyants comme héritiers de la promesse faite à Abraham. Cette unité n'efface pas les identités individuelles ; au contraire, cela enrichit le corps collectif du Christ.

LA RÉVÉLATION FINALE DES FILS ET FILLES DE DIEU

À mesure que nous nous rapprochons des derniers jours, les fils et les filles de Dieu seront révélés dans leur plénitude. Cette révélation ne concerne pas seulement l'identité individuelle mais l'expression collective de la famille de Dieu sur terre. Face à la laïcité et au pluralisme croissants, l'Église est appelée à rester ferme dans son identité d'enfant de la promesse.

Dans **Romains 8:19**, Paul écrit : « Car la création attend avec un désir ardent la révélation des fils de Dieu. » Ce passage met l'accent sur l'anticipation d'une époque future où les croyants manifesteront pleinement leur identité d'enfants de Dieu. Cette révélation est liée à la gloire de Dieu et sert de témoignage de sa fidélité.

L'appel à la distinction

À la lumière du paysage religieux mondial actuel, l'Église doit rester ferme dans son appel à défendre la vérité de l'Évangile. Les distinctions entre les enfants de la servante et les enfants de la femme libre ne sont pas simplement historiques ou théologiques ; ils sont pratiques et pertinents. S'engager dans des partenariats qui cherchent à brouiller ces lignes compromet le message de grâce et diminue la puissance de l'Évangile.

L'appel à « chasser la servante » est un appel à rejeter toute théologie ou pratique qui cherche à aligner le christianisme sur des idéologies contraires à l'Évangile. Cela ne signifie pas que les chrétiens doivent s'engager dans l'hostilité ou l'isolationnisme, mais plutôt aborder les dialogues interreligieux avec clarté et conviction. Les croyants doivent exprimer leur foi avec grâce, tout en restant déterminés dans les vérités qu'ils défendent.

Conclusion : embrasser notre identité

Alors que nous réfléchissons à notre identité de fils et de filles de Dieu, nous devons accepter la liberté qui vient du fait d'être enfants de la promesse. Cette identité façonne notre relation avec Dieu et les uns avec les autres. Cela nous appelle à vivre d'une manière qui reflète le caractère du Christ, en restant fermes dans nos convictions tout en étendant la grâce à ceux qui nous entourent.

Dans les derniers jours, le monde sera témoin de la manifestation des enfants de Dieu, ceux qui ont pleinement assumé leur identité d'héritiers de la promesse. En tant que croyants, nous sommes appelés à vivre à la lumière de cette vérité, en proclamant avec audace l'Évangile et en restant fermes dans notre foi.

Rappelons-nous que notre héritage n'est pas simplement une promesse future mais une réalité présente. Alors que nous naviguons dans un monde complexe, nous pouvons être rassurés de savoir que nous sommes nés libres, enfants du Dieu Très-Haut, appelés à vivre notre identité avec conviction et détermination. C'est cette identité qui brillera dans les ténèbres, attirant les autres vers la lumière du Christ et révélant la gloire de Dieu à toute la création.

LA FIN